AMAZON-RÜCKGABEPALET TEN KAUFEN FÜR EINSTEIGER

Der vollständige Leitfaden darüber, wie und wo Sie Amazon-Rückgabepaletten kaufen können, und bewährte Möglichkeiten, mit dem Verkauf von Amazon-Verwertungspaletten Geld zu verdienen

Mary Festus

INHALTSVERZEICHNIS

KAPITEL 1

EINFÜHRUNG

Haben Sie nach einem Ort gesucht, an dem Sie Amazon-Rückgabepaletten kaufen können? Diejenigen, die daran interessiert sind, mehr über die Amazon-Rücknahmepalettenindustrie zu erfahren, könnten das heutige Thema mögen.

Und Sie werden das Geheimnis entdecken, wie man mit Amazons Retourenpaletten ein Vermögen macht.

Zu lernen, wie man Amazon-Retourenpaletten erwirbt, ist ein interessantes Thema, das man als kleines Unternehmen untersuchen sollte, das versucht, den Bestand zu erhöhen (oder in den E-Commerce einzusteigen). Warum? Mit wenig Anfangskapital können Sie sofort mit dem Geldverdienen beginnen.

Und wenn Sie ein absoluter Neuling in Sachen Amazon-Rückgabepaletten sind, haben wir die Details, die Sie brauchen:

Der Preis einer Retourenpalette
auf Amazon.com.
"Verkauft Amazon selbst
Retourenpaletten?"
Wo kann man Amazon-
Retourenware kaufen?
Gibt es einen Ort, an dem
Amazon Artikel liquidiert?
Auch darüber hinaus!
Lass uns gehen, wenn das für
dich in Ordnung ist.

KAPITEL 2

WAS SIND AMAZON-PALETTEN

Amazon-Retourenpaletten sind was?

Wussten Sie, dass 46,25 Prozent der Internetkäufer ihre Einkäufe zurücksenden? Das ist sicher ein beträchtlicher Teil aller Internetkäufe.

Dies sind schreckliche Neuigkeiten für jeden Händler, der sich auf Internetverkäufe verlässt, um sich über Wasser zu halten.

Unsere Summe basiert auf der durchschnittlichen Performance der 12 größten Online-Einzelhandelsmärkte der Welt:

Wie der obigen Tabelle zu entnehmen ist, variiert der durchschnittliche Anteil der Online-Retouren stark von Land zu Land.

Es gibt mehrere Gründe für die Rückgabe von Verbraucherprodukten (und den anschließenden Abbruch des Online-Einkaufs):

Der fehlerhafte Artikel wurde an den Kunden gesendet. Vielleicht haben Sie eine rosafarbene Handtasche bestellt, aber der Verkäufer hat Ihnen etwas ganz anderes geschickt.

Produkte, die in schlechtem Zustand erhalten wurden oder nicht wie beworben funktionierten.

Kundenbedauern tritt auf, wenn das Erscheinungsbild eines Artikels im Gebrauch nicht seiner Online-Beschreibung entspricht.

Dem Paket fehlten notwendige Komponenten. Sie würden davon ausgehen, dass ein

Smartphone mit einem Ladegerät und Ohrhörern geliefert wird, wenn Sie es kaufen.

Wenn sich die Lieferung verzögert, kann sich der Käufer woanders umsehen, um die identische Sache zu bekommen. Ist es möglich, eine Palette an Amazon zurückzusenden? Nehmen wir an, Ihr Online-Geschäft hat 1.000 US-Dollar Umsatz generiert. Bei der oben genannten Retourenquote von 46,25 Prozent können Sie mit Retouren von etwa 460 Verbrauchern rechnen.

Die Anzahl der Rücksendungen von Millionen von Amazon-Käufern pro Tag kann schnell ansteigen.

Als zusätzlichen Bonus hat Amazon ein sehr kundenfreundliches Rückgaberecht für kostenlosen Versand.

Was machen wir jetzt? Sie können sich dafür entscheiden, nichts zu tun und einen Verlust zu erleiden, oder Sie können Maßnahmen ergreifen und die zurückgegebenen Dinge behalten.

Aus diesem Grund bietet Amazon Retourenpaletten an. Amazon lagert Millionen von zurückgegebenen Artikeln nicht, sondern verkauft sie an Liquidationsunternehmen und andere Online-Wiederverkäufer.

Der Begriff „Liquidation" beschreibt diesen Vorgang. Bei diesem Ansatz kann Amazon seine Verluste wettmachen und Lagerbestände loswerden, die zu teuer sind, um sie zu halten.

Amazon-Rückgabepaletten sind also Kisten oder Pakete mit

Waren, die an das Unternehmen zurückgeschickt wurden.

Sie können einen Karton, eine Palette oder eine LKW-Ladung Amazon-Rückgabepaletten kaufen. Sie müssen die Kosten gegen den Nutzen für Ihr Unternehmen abwägen.

Jeder Palette wird ein „geschätzter Einzelhandelswert" zugewiesen, und die meisten von ihnen landen in Liquidationsauktionen von Amazon.

Amazon-Rückgabepaletten
können zu einem festgelegten
Preis von bestimmten
Abwicklungsunternehmen
erworben werden.

Was könnte möglicherweise auf
Rückholpaletten sein?
Ich möchte die Tatsache
ansprechen, dass Sie bei
Amazon-Rückgabepaletten nie
wissen, was Sie erhalten
werden.

Es ist möglich, wenn auch
unwahrscheinlich, dass Sie
nichts als leere Kisten erhalten,

wie Tom es im obigen Video getan hat.

Wenn Sie Ihre Hausaufgaben machen, können Sie feststellen, ob der Kauf von Paletten die potenziellen Nachteile wert ist oder nicht.

Es gibt jedoch Situationen, in denen Sie die Marken oder Kategorien von Artikeln auf Amazon-Rückgabepaletten identifizieren können, bevor Sie einen Kauf tätigen.

Tatsächlich sind braune Kartons nicht die Norm für die

Liquidationspaletten von Amazon. Darüber hinaus können Sie mit Hilfe von Verzeichnissen, die von bestimmten Unternehmen bereitgestellt werden, finden, wonach Sie suchen.

Darüber hinaus ist der Zustand der Ware innerhalb von Amazon-Retourenpaletten unerheblich.

Die Artikel reichen von brandneu über leicht getragen bis hin zu geborgenen Gegenständen, die nur für Komponenten verwendet werden können. Besonders anwendbar auf viele Formen der Unterhaltungselektronik.

Die eine Unähnlichkeit? Sie überprüfen die Sachen nicht vor dem Kauf, aber Sie können wahrscheinlich vorhersagen, was sich auf den Rückgabepaletten befindet.

Deshalb warnen wir davor, beim Online-Verkauf von Amazon-Retourenpaletten ein Risiko einzugehen.

Wenn Sie jedoch recherchieren, kann der Verkauf von liquidierten Waren eine aufregende Möglichkeit sein, viel Geld zu verdienen.

Retourenpaletten zum Verkauf finden Sie am besten über Amazon Liquidation Auctions oder andere Online-Liquidation-Märkte.

KAPITEL 3

WO KANN MAN AMAZON-RÜCKGABEPALETTEN KAUFEN?

Wer oder was verkauft Retourenpaletten für Amazon? Wenn Sie der Meinung sind, dass der Weiterverkauf von Amazon-Retourenpaletten eine gute Idee ist, ist es unerlässlich, zuverlässige Lieferanten zu finden. Wenn nicht, wird Ihre Investition verschwendet.

Palettenkäufe sollten über Abwicklungsunternehmen oder

die Online-Auktionen von Amazon getätigt werden.

Amazon bietet das ganze Jahr über Auktionen an (insbesondere nach den Feiertagen, wenn Kunden unerwünschte Geschenke in Scharen zurücksenden), um die zurückgegebenen Waren zu verkaufen.

Mit seinen vielen Wiederverkaufsprogrammen zur Liquidation verkauft Amazon zurückgegebene Paletten und überschüssige Bestände.

Der Used & Fulfilled Service von Amazon.com und der Refurbished Service von Amazon.com sind zwei von Amazon.com

Amazon's Restposten Store für übrig gebliebene Produkte

Woot ist ein Einzelhändler, der Dinge zu deutlich reduzierten Preisen anbietet.

Darüber hinaus gibt es eine Vielzahl von Abwicklungsfirmen, die ihre Paletten von Amazon und anderen großen Händlern beziehen.

Mit etwas Erfahrung können Sie erstaunliche Preise für

Überbestände entdecken, egal ob Sie sie bei Amazon oder in einem Liquidationsgeschäft kaufen.

Der Kauf von Kundenretourenpaletten bei Amazon und anderen großen Einzelhändlern ist nur eine der vielen Alternativen, die Liquidationsplattformen zur Verfügung stellen.

Die besten Online-Liquidatoren für den Kauf von Amazon-Paletten

Die folgenden Liquidationsseiten sind großartige Orte, um mit der Suche nach reduzierten Waren zu beginnen.

Amazons Restposten
B-Stock arbeitete 2018 mit Amazon zusammen, um Amazon Liquidation Auctions einzuführen. Es ist einer der besten Orte, um Amazon-Überschussartikel zu finden und zu kaufen.

Liquidationsauktionen mit einer Vielzahl von Artikeln sind über die Liquidationsauktionen von Amazon verfügbar. Dank der übersichtlichen Kategorisierung der Lose nach Warenart, geografischer Region und Lagerbestand finden Sie schnell genau das, was Sie suchen.

Bewerber aus den Vereinigten Staaten und Europa werden jetzt von Amazon Liquidation Auctions akzeptiert.

Um an Auktionen teilnehmen zu können, benötigen Sie ein

gültiges
Wiederverkäuferzertifikat und
ein kostenloses B-Warenkonto.

Bevor B-Stock Ihre Gebote und
Zahlungen verarbeiten kann,
müssen Sie jedoch einige
Unternehmensdokumente
ausfüllen.

Wenn die Formalitäten erledigt
sind, können Sie mit dem Kauf
überschüssiger Waren in großen
Mengen beginnen.

BULQ
Wenn Sie nach einer großen
Auswahl an Liquidationsartikeln

suchen, sind Sie bei BULQ, einem der führenden Amazon-Drittanbieter, genau richtig. Sie arbeiten mit einer Reihe bekannter Unternehmen zusammen, darunter Amazon und Groupon.

Während die meisten Amazon-Rücksendungen über Live-Auktionen angeboten werden, bietet BULQ eine bequemere „Festpreis"-Alternative für den Kauf von Amazon-Rückgabepaletten.

Sobald Sie eine passende Amazon-Palette entdeckt haben,

müssen Sie diese nur noch in Ihren Warenkorb legen und bezahlen. Sie haben auch Anwendungen für mobile Geräte, sodass Sie überall Amazon-Erstattungen finden können.

Amazon-Retouren können auf vielfältige Weise gesucht werden, einschließlich nach Produkttyp, Zustand, Menge und Vertriebszentrum.

Wir bevorzugen BULQ gegenüber jeder anderen Liquidationsfirma aufgrund der umfassenden Informationen, die

es in seinen
Produktbeschreibungen, Bildern
und Verzeichnissen bereitstellt.

Hier ist ein Manifest, das den
Inhalt des Loses als Beispiel
beleuchtet:

Auflistungsbeispiele im BULQ-
Format
Denken Sie daran, dass Sie
immer noch keine Ahnung
haben, wie es den einzelnen
Artikeln auf den
Retourenpaletten geht.

Sie können Ihre Versandart
nicht wählen, aber der

Gesamtpreis beinhaltet das Porto.

Sofortige Auflösung
Möchten Sie die Rücknahmepalette einer Marke oder eines Geschäfts finden?

Dann ist Direct Liquidation genau das Richtige für Sie, da es Ihnen ermöglicht, eine Rücknahmepalette basierend auf einer bestimmten Marke oder einem bestimmten Einzelhandelsgeschäft zu suchen.

Es gibt viele zurückgegebene
Amazon-Artikel auf der Website,
aber Sie können auch viele
gebrauchte Waren von anderen
Einzelhändlern entdecken,
darunter Home Depot, Lowe's,
Target und Walmart.

Direct Liquidation bietet
bekannte Marken wie Apple,
Samsung und Microsoft.

Selbst wenn der Zustand der
Waren nicht garantiert ist, ist es
daher fair zu sagen, dass Sie
wahrscheinlich hochwertige
Dinge finden werden.

Paletten können auf verschiedene Arten sortiert werden, einschließlich nach Art, Status, Lager und Preis. Direct Liquidation ist eine Online-Auktionsplattform, auf der Benutzer gebrauchte Amazon-Rückgabepaletten kaufen können.

Direct Liquidation macht es Einzelhändlern und Großhändlern leicht, unverkaufte Bestände abzuverkaufen.

888 Lose

Mit einer Geschichte, die mehr als ein Jahrzehnt zurückreicht, ist 888 Lots ein Veteran unter den Liquidationsfirmen.

Dennoch bleibt es eine der modernsten B2B-Plattformen für Unternehmer und große Händler gleichermaßen.

Sie können enorme Rabatte erhalten, wenn Sie in großen Mengen einkaufen, aber selbst wenn Sie dies nicht tun, können Sie immer noch tolle Angebote erhalten, wenn Sie etwas wenig kaufen.

Darüber hinaus können Sie schnell und einfach Ihre eigenen einzigartigen Lose erstellen und einen Preis für das gesamte Los aushandeln, anstatt um einzelne Artikel zu feilschen.

Sie können genau das bekommen, was Sie brauchen, indem Sie ein benutzerdefiniertes Los erstellen.

Ich denke, es ist ganz nett, wenn Sie versuchen, mehrere demografische Gruppen zu erreichen oder neue Dinge auszuprobieren.

Für US-Käufe von 888 Lots ist ein Wiederverkaufszertifikat erforderlich. Für internationale Kunden müssen Sie eine gültige Gewerbeanmeldung vorlegen.

Um Ihnen dabei zu helfen, festzustellen, ob es sich lohnt, die Produkte oder Lose bei Amazon umzudrehen, stellen sie einen Gewinnrechner zur Verfügung.

Die Größe und das Gewicht der Palette bestimmen, wie viel der Versand kostet.

BlueLots ist ein bekanntes US-amerikanisches Unternehmen, das den Prozess der Suche nach Liquidationswaren für Ihren Online- oder stationären Laden optimiert.

Sie unterhalten eine organisierte Datenbank mit zurückgegebenen Paletten von großen Händlern wie Amazon. Es stehen Filter zur Verfügung, um Ihre Suche nach der idealen Amazon-Retourenpalette einzugrenzen.

BlueLots bietet eine Fülle von Daten zu Rückgabepaletten,

sodass Sie eine fundierte Wahl treffen können.

Alle Amazon-Retourenpaletten, die Sie kaufen, werden mit detaillierten Beschreibungen, Bildern, Versandinformationen und Manifesten geliefert, damit Sie genau wissen, was Sie bekommen.

Die Benutzerfreundlichkeit und Einfachheit der Website haben meine Erfahrungen mit Amazons Palettenauktionen recht positiv gemacht.

Sie bieten auch angemessene
Amazon-Rückgaberichtlinien für
teurere Produkte von
Designerlabels wie Armani,
Chanel und mehr.

BoxFox BoxFox ist eine
Business-to-Business-
Liquidationsauktionsplattform,
die den Erwerb neuer Waren
und die Veräußerung veralteter
Lagerbestände erleichtert.

Das Rückgaberecht von BoxFox
ist fantastisch. Sie bieten
ausschließlich überschüssige
Bestände von großen

Einzelhändlern wie Amazon und anderen an.

Der Inhalt Ihrer Palette kommt garantiert in tadellosem Zustand an. Alles, was wir Ihnen zusenden, ist komplett neu.

Es ist völlig kostenlos, sich für die Website anzumelden, und sie bieten sogar eine mobile App an, mit der Sie Live-Auktionen unterwegs im Auge behalten können.

Zum Endpreis kommen 7 % Bearbeitungsgebühr und Versandkosten hinzu.

KAPITEL 4

GELD VERDIENEN MIT DEM VERKAUF VON AMAZON-RÜCKGABEPALETTEN

Profitieren Sie von Amazons

Rückgaberecht

Sie haben also den Sprung

gewagt und einen Shop eröffnet,

der Amazon-Retouren verkauft.

Sie haben sich mit günstigen

Vorräten aus den

Ausverkaufsaktionen von

Amazon eingedeckt und sind bereit, an die Arbeit zu gehen.

Du weißt in deinem Herzen, dass du ein Vermögen machen wirst, aber du hast keine Ahnung, wie du anfangen sollst. Auf welche Weise können zurückgegebene Amazon-Paletten weiterverkauft werden?

Du machst es dir schwerer als es ist.

Arbitrage im Einzelhandel
Einzelhandelsarbitrage ist der lukrativste Markt für den Verkauf von Amazon-

Rückgabepaletten. Hier kaufen
Sie Dinge günstig ein,
reparieren sie und verkaufen sie
gewinnbringend bei Amazon,
eBay oder Ihrem eigenen
Online-Shop.

Hier sind zwei einfache
Möglichkeiten, Ihren Erfolg zu
steigern:

Man muss zuerst restaurieren
und renovieren
Wenn Sie das meiste Geld aus
Ihren liquidierten Gegenständen
herausholen möchten, sollten
Sie so viel Zeit wie möglich
damit verbringen, sie zu

reparieren, bevor Sie sie verkaufen. Der Trick besteht darin, die Artikel „so gut wie neu" aussehen zu lassen.

Produkte, die bei Amazon-Rücknahmepaletten verkauft werden, enthalten oft beschädigte oder fehlende Teile oder Verpackungen.

Die Preise, die Sie für generalüberholte Produkte verlangen können, werden nur dann dramatisch steigen, wenn kleinere Probleme wie fehlendes Zubehör und beschädigte Verpackungen behoben werden.

Verpackungsmaterial und
andere Add-Ons lassen sich
einfach und günstig im Internet
beziehen. Sie können fast alles
finden, indem Sie eine Suche bei
Google durchführen.

Sie können werkseitige
Plastikverpackungen und
einfache Kartons verwenden,
wenn Sie nichts anderes finden
können.

Expertentipp: Wenn eine Ihrer
Amazon-Rückgabepaletten
Dinge enthält, die nicht
weiterverkauft werden können,

ziehen Sie in Betracht, sie als
Quelle für Ersatzkomponenten
zu verwenden.

Wenn Ihnen der Gedanke an
eine Überholung zu schaffen
macht, können Ersatzteile
separat verkauft werden.

Zweiter Vorschlag: Gruppieren
Sie Produkte zusammen
Seit es Unternehmen gibt, ist
Produktbündelung eine
erfolgreiche Strategie. Es ist
eine sichere Wette, dass Sie
diese Technik bei mindestens
einigen verschiedenen Online-

Händlern in Aktion gesehen haben.

Ein MacBook, eine Apple Watch und AirPods zum Beispiel wären eine fantastische Kombination, wenn die Preise stimmen würden. Sie können auch ein kabelloses Ladegerät hinzufügen, wenn Sie gerade dabei sind.

So können Sie Ihre Investition in die Amazon-Rücknahmepaletten über deren Verkauf schneller amortisieren.

Versuchen Sie es mit verschiedenen Bündelgrößen und Mengen; Sie werden herausfinden, was am besten funktioniert, bevor die nächste Lieferung kommt.

Nachdem Sie Ihre Paletten durchgesehen haben, trennen Sie die Artikel, die sofort weiterverkauft werden können, von den anderen. Legen Sie für reparaturbedürftige Gebrauchtwaren einen separaten Stapel an.

Schließlich haben Sie einen Stapel von Gegenständen, die als Gruppe ansprechender sind.

Wie hoch sind die Kosten für die Rücksendung einer Palette an Amazon?
Wenn Sie ein Unternehmen gründen, ist es nur natürlich, dass Sie neugierig auf den Preis von Amazon-Retourenpaletten sind.

Die Kosten für die Rücksendung einer Palette an Amazon hängen davon ab, wie viel Material Sie haben und wie groß die Palette ist.

Beispielsweise übersteigen die Kosten für den Transport einer 200-Pfund-Palette mit Autokomponenten wahrscheinlich die für den Transport einer 200-Pfund-Palette mit Lebensmitteln.

Daher ist es ohne Untersuchung ziemlich schwierig zu sagen. Darüber hinaus tun die meisten Websites, die Amazon-Retouren verkaufen, dies über Auktionen, sodass die Preise immer schwanken.

Aber um Ihnen als Inhaber eines kleinen Unternehmens eine Vorstellung zu geben, können Sie damit rechnen, zwischen 100 und 10.000 US-Dollar pro Palette zu zahlen.

Die Kosten sind überall auf der Karte; Ich habe Mr. Beast einmal auf YouTube beim Auspacken einer 100.000-Dollar-Palette zugesehen.

Was Sie wirklich kaufen, scheint der entscheidende Faktor zu sein.

KAPITEL 5

WARUM SIE IN AMAZON-RÜCKGABEPALETTEN INVESTIEREN SOLLTEN

Wenn Sie wegen Amazon-Retouren unschlüssig sind, hier ein paar Argumente:

Das Inventar kann Ihnen nie ausgehen.

Sie können Waren an einer Vielzahl von Orten finden, einschließlich Überbeständen,

Amazon-Retouren, fehlender Fracht, lokalen Auktionen, Lagereinheiten und so weiter. Stellen Sie nur sicher, dass Sie sich an einen vertrauenswürdigen Anbieter wenden. Lesen Sie Testimonials, aber nur von seriösen Seiten.

Niedrige Anfangsinvestition
Im Vergleich zum direkten Handel mit Händlern und Großhändlern ist der Preis für die Retourenpaletten von Amazon recht niedrig. Sie brauchen nur ein paar hundert Dollar, um sofort loslegen zu können.

Produkte können einfach weiterverkauft werden. Mit dem zusätzlichen Lagerbestand können Sie weitere physische Standorte eröffnen. Sie können in einer Vielzahl von Umgebungen verkaufen, darunter Flohmärkte, Flohmärkte, soziale Medien, Ihre eigene E-Commerce-WordPress-Site, Shopify, Amazon, eBay und Wiederverkaufs-Apps wie ThredUp und OfferUp. Das Potenzial ist enorm.

Große Gewinnspannen Retourenpaletten bei Amazon verkaufen sich für ein paar Cent.

Wenn Sie Ihre Karten gut spielen, können Sie eine bescheidene Investition von 500 $ in einen netten Gewinn von 2500 $ umwandeln. weitere Wiederholung

Konzentrieren Sie sich eng auf Ihre Zielgruppe.
Die Entscheidung liegt bei Ihnen: Ihr autorisierter Einkäufer kann die Artikel zufällig auswählen oder Sie können Filter verwenden, um Artikel zu identifizieren, die ihn interessieren. Darüber hinaus können Sie Ihre eigenen individuellen Pakete gestalten.

Abschluss

Mit dem soeben erworbenen
Wissen können Sie jetzt
Amazon-Paletten online kaufen.
Sind Sie bereit, einen profitablen
Online-Shop zu eröffnen?

Wenn das der Fall ist, können
Sie mit dem Verkauf von
Amazon-Paletten einen Fuß in
die Tür der E-Commerce-Welt
bekommen. Es ist eine gute
Methode, um das Wasser zu
testen und zusätzliches Geld zu
verdienen.

KAPITEL 6

ALLES, WAS SIE ÜBER AMAZON-RÜCKGABEPALETTEN WISSEN MÜSSEN

Retournierte Produkte werden auf Paletten gelagert, die dann an Amazon zurückgesendet werden. Sie werden ungesehen an jeden verkauft, der bereit ist, ein enormes finanzielles Risiko einzugehen. Es ist möglich, eine Menge Geld zu verdienen, indem man sie repariert und wieder verkauft. Je mehr Sie kaufen, desto weniger kostet jeder einzelne Artikel. Produkte, die an Amazon zurückgegeben wurden, werden in großen Mengen per Palette oder LKW-Ladung verkauft. Welchen Nutzen hat der Kauf von Paletten bei wiederkehrenden Amazon-Kunden? Es gibt eine Reihe positiver Aspekte des Amazon Return Pallets-Programms, die ernsthaft in Betracht gezogen werden müssen. Erstens müssen Sie nicht eine Tonne Bargeld berappen. Sie brauchen nur ein paar hundert Dollar, um die Dinge ins Rollen zu bringen. Ein Rahmenkredit könnte für den

Anfang die bessere Option sein.
Es gibt eine Fülle von Optionen
für den Weiterverkauf, darunter
Flohmärkte und Online-
Marktplätze wie Thredup,
Poshmark, OfferUp, eBay und
viele mehr. Rücknahmepaletten
sind eine großartige Investition
für jeden Firmeninhaber oder
Unternehmer, der seinen
Bestand erweitern möchte.
Paletten werden in großen
Mengen verkauft, und die Dinge
auf ihnen reichen von Kleidung
und Elektronik bis hin zu
Gesundheits- und
Schönheitsartikeln.

Sie können sich auf einen schmalen Bereich konzentrieren, wenn Sie möchten. Wenn Sie jedoch in mehr als einer Kategorie anbieten, können Sie dies nutzen, um zu erfahren, was Ihre Kunden am meisten schätzen. So erhalten Sie Amazon-Rückgabepaletten im Jahr 2023: 8 Top-Optionen In den meisten Fällen landen zurückgegebene Amazon-Artikel auf den Websites von Liquidationsunternehmen zum Verkauf. Wenn Sie vorher online gehen, können Sie sehen, wer alle ihre überschüssigen Bestände verkauft. Wählen Sie abschließend unter „Marketplaces" oder „By Seller" „Amazon" aus. Schauen wir uns an, was der Markt in Bezug auf Liquidationsfirmen anbietet. Wenn Sie auf dem Markt nach einer großen Auswahl an Produkten für Ihr Unternehmen suchen, ist Amazon Liquidation Auctions (US) ein ausgezeichneter Ort, um mit der Suche nach Rückgabepaletten zu beginnen. Paletten von dieser Direktliquidations-Website stehen jeder juristischen US-Firma zur Verfügung. LTLs (Less Than Truckloads) überschüssiger Artikel, wie die unten aufgeführten, werden an Bieter in den Vereinigten Staaten versteigert. Bücher Kleidung Lebensmittel Elektronikartikel Zubehör Schuhe Nachdem Sie sich registriert und die Genehmigung von Amazon erhalten haben, haben Sie Zugriff auf Gebote und den Kauf großer Mengen überschüssiger Produkte. Liquidationspaletten, die für Rücksendungen gekauft wurden (UK) Amazon hat B-Stock beauftragt, den Verkauf seiner zurückgegebenen Artikel in Großbritannien abzuwickeln. Während B-Stock Auktionen in vielen verschiedenen Ländern anbietet, exportiert es ausschließlich Amazon-Artikel in die Vereinigten Staaten und nach Europa. Artikel auf jeder Palette sind in unterschiedlichem Zustand des Verfalls. Sie können je nach Situation brandneu oder geborgen sein. Sie müssen für jeden Markt eine eigene Bewerbung einreichen, da die Zulassungsvoraussetzungen unterschiedlich sind. Jeder Anbieter hat seine eigenen Versandrichtlinien und Preise. Einige liefern kostenlos oder pauschal, während andere pro Palette abrechnen. Kauf von Retourenpaletten von anderen

Online-Händlern zur Erfüllung von Amazon-Bestellungen Es gibt eine Reihe anderer Marktplätze, auf denen Sie retournierte Amazon-Paletten kaufen können. Liquidation Liquidation.com ist ein Online-Händler, der sich auf den Verkauf von Überbeständen von Einzelhändlern wie Amazon und anderen spezialisiert hat. Pakete können per Kiste, Palette oder LKW-Ladung gekauft werden. Elektronik, Einrichtungsgegenstände, Kleidung, Maschinen, Computer und Autos sind nur einige der Kategorien, die unter den angebotenen Gebrauchtwaren gut vertreten sind. Lose werden mit einem Eröffnungsgebot von normalerweise 100 $ versteigert. Darüber hinaus gibt es bestimmte Lose, die jetzt gekauft werden können. Sie müssen ein Konto bei liquidation.com erstellen, bevor Sie Gebote abgeben oder Einkäufe tätigen können. Zahlungen von Kunden außerhalb der USA müssen per Überweisung erfolgen. Für jeden Kauf über 5.000 $ ist diese Dokumentation ebenfalls erforderlich.

BULQ Auch die amerikanische Liquidationsfirma BULQ arbeitet direkt mit Händlern und Verkäufern zusammen.

Betrachten Sie als Beispiel Amazon. Es gibt jeden Tag drei Updates mit neuen Produkten zum Verkauf. Der geforderte Preis kann sich von Anbieter zu Anbieter ändern. Es gibt sowohl feste Preise als auch Auktionen, die 48 Stunden dauern. Wenn Sie nur die Ausverkaufsartikel ansehen möchten, müssen Sie sich nicht anmelden. Leider müssen Sie sich für ein Konto anmelden, bevor Sie einen Kauf tätigen können. Alle Kunden erhalten auch Wiederverkaufszertifikate. Paletten und Sammelbestellungen sind vom Umtausch und vom Umtausch ausgeschlossen. Für die Lieferung werden nur US-Standorte akzeptiert, und auf ausgewählte Bestellungen kann eine Pauschalgebühr von 30 USD erhoben werden. Die Versandkosten für Paletten werden nach Gewicht, Abmessungen und der Entfernung vom Lager zum Lieferort berechnet.

DirectLiquidation

DirectLiquidation macht viele

Geschäfte mit Amazon, arbeitet
aber auch mit anderen großen
Einzelhändlern wie Walmart,
Home Depot und Target
zusammen. Marken- und
geschäftsspezifische Suchen
sind auf der Website verfügbar.
Wenn Sie eine Palette ersteigern
möchten, müssen Sie zuerst ein
Konto erstellen. Bei 888 Lots
888 Lots sind nur brandneue
Artikel auf Amazon-Paletten
erhältlich. Sie können den
Amazon-Verkaufsrang des
Produkts, Bilder,
Beschreibungen, den Zustand,
die ASIN und die Amazon-
Rezensentenbewertung auf ihrer

Website sehen. Geschätzte Einnahmen für jedes Produkt werden ebenfalls angezeigt. Sie bieten zusätzlich zu den kleineren, individuellen Amazon-Paletten Massenpaletten in Standardgröße an. Sie müssen die gesamte Palette oder SKU kaufen, aber es gibt keine Mindestbestellgröße oder maximal zulässigen Preis. 888 Käufer aus den Vereinigten Staaten müssen über ein Wiederverkaufszertifikat verfügen, um Lose kaufen zu können. Kunden außerhalb der USA müssen einen Nachweis über den rechtmäßigen

Geschäftsbetrieb erbringen. Für
Lose fallen Versandkosten in
Höhe von 12 USD pro Karton an.
Die Versandkosten für Paletten
variieren je nach Abmessungen
und Gewicht. Sie können Ihren
eigenen Versand organisieren,
wenn dies für Sie bequemer ist.
BlueLots Neben Amazon ist
BlueLots ein in den USA
ansässiges Unternehmen, das
mit retournierten Waren von
anderen großen Einzelhändlern
handelt. BlueLots zeichnet
keines seiner verfügbaren Lose
aus. Stattdessen erwirtschaften
sie einen Gewinn, indem sie die
Kosten an Händler weitergeben.

Sie können sich ansehen, was im Angebot ist, ohne sich vorher anzumelden. Möglicherweise sehen Sie jedoch eine Teilmenge des verfügbaren Bestands, ohne sich zu registrieren. UPS, FedEx und USPS sind alle praktikable Alternativen für den Versand. Die Versandkosten werden pro Palette berechnet. Der übliche Preis pro Palette liegt zwischen 300 und 400 US-Dollar. BoxFox BoxFox ist eine Firma, die Markenpaletten von Händlern wie Amazons Warenhaus und anderen versteigert. Sie können sich kostenlos registrieren und eine mobile App verwenden, um den Fortschritt von Live-Auktionen zu verfolgen. BoxFox akzeptiert keine Rücksendungen, nur Amazon-Überschuss. Alle angebotenen Artikel sind garantiert brandneu. Jeder Artikel hat einen festgelegten Schätzwert, obwohl es den Käufern freisteht, mehr oder weniger als diesen Betrag anzubieten. So finden Sie die besten gebrauchten Artikel bei Amazon Der Kauf der Palette für die Rücksendung ist einfach. Sie sollten sich nun überlegen, wie Sie Ihre Verdienstaussichten durch eine Aufwertung des

Materials optimieren können. In den meisten Fällen wurden die Artikel auf einer Amazon-Palette nicht gründlich untersucht. Dies bedeutet, dass die Produkte in unterschiedlichen Reparaturzuständen sein können, wenn sie Sie erreichen. Sie werden einige Immobilien haben, die sofort verkaufsbereit sind, und andere, die bearbeitet werden müssen, bevor Sie sie auflisten können. Hier sind einige Möglichkeiten, wie Sie das Beste aus Ihrer Investition in Amazon Returns-Paletten herausholen können.

Klassifizieren und gruppieren

Um zu beginnen,

Sie müssen zuerst den Inhalt Ihrer Palette untersuchen. Es scheint sinnvoll, das Zeug in zwei Gruppen zu unterteilen. Trennen Sie Produkte, die im Ist-Zustand verkauft werden können, von denen, die möglicherweise noch bearbeitet werden müssen, bevor sie auf den Markt gebracht werden. Denken Sie beim Durchsehen der Waren darüber nach, welche davon am sinnvollsten zusammen zu verkaufen wären. Reparatur Der Inhalt der Palette muss möglicherweise überholt oder repariert werden. Dies ist besonders häufig in der Elektronikindustrie der Fall. Indem Sie Reparaturen und Renovierungen in Eigenregie durchführen, können Sie Geld sparen. Meistens sind die Reparaturen eher bescheiden, schnell und unkompliziert. Nachdem Sie fertig sind, werden die Waren wieder die Herstellungsstandards erfüllen oder übertreffen, was ihren Wiederverkaufswert erhöht. Es kann möglich sein, Teile von einem defekten Modell zu nehmen und an einem anderen anzubringen, wenn Ihre Paletten viele identische Modelle enthalten. Wenn ein Produkt kaputt geht und Sie es nicht reparieren können, werfen Sie es noch nicht weg; Sie wissen nie, wann Sie ein Ersatzteil benötigen. Wählen Sie notwendige Add-Ons aus Das Fehlen notwendiger Extras wie Kopfhörer oder Ladegeräte ist ein typischer Grund für Produktrückgaben. Solche Add-Ons können in der Regel schnell und kostengünstig ersetzt werden. Der Wert eines Produkts steigt und seine Preisvorstellung steigt, wenn es mit all seinen Bestandteilen verkauft werden kann.

Umpacken Da die Verpackung, in der ein Produkt geliefert wird, manchmal beschädigt ist, müssen Sie möglicherweise einige Teile neu verpacken. Besorgen Sie sich die neue Verpackung des Herstellers oder packen Sie die Ware um, wenn Sie können. Der wahrgenommene Wert eines Produkts kann davon beeinflusst werden, wie es verpackt ist. Wussten Sie, dass 67 Prozent der Käufer in den Vereinigten Staaten glauben, dass Produkte mit Papier- und Kartonverpackungen attraktiver zum Kauf sind? Wenn Sie die Originalverpackung nicht finden können, verwenden Sie etwas von hoher Qualität und Sauberkeit, das auch einfach ist, wenn Sie etwas anderes verwenden müssen. Inspizieren Jeder Ihrer Artikel muss einer gründlichen Inspektion unterzogen werden. Produkte, die für den Wiederverkauf beworben werden, müssen ebenfalls bewertet werden. Es ist wichtig, dass die Artikel, die Sie verkaufen, in eine dieser Gruppen fallen: Ungeöffnet ab Werk: Dies ist ein brandneuer Artikel, der noch nie geöffnet

wurde. Der Artikel ist nagelneu,
unbenutzt und in der
Originalverpackung des
Herstellers versiegelt.
Allerdings ist der Karton
aufgebrochen. Im Rahmen des
Refurbishment-Prozesses wird
ein Produkt geprüft, ggf.
repariert, mit eventuellen
Zusatzkomponenten
ausgestattet und verpackt. Ein
gebrauchter Artikel ist aus
Vorbesitz und voll
funktionsfähig, kann jedoch
kosmetische Mängel wie Dellen
oder Kratzer aufweisen.
Schließlich, wenn Sie etwas
weiterverkaufen, sollten Sie die

ursprüngliche Herstellergarantie loswerden. Die Garantiekarten sollten aus den Artikeln herausgenommen und entsorgt werden, da die Garantie abgelaufen ist. Können Sie mit dem Handel mit gebrauchten Amazon-Paletten Gewinne erzielen? Das, mein Freund, ist die sprichwörtliche Millionen-Dollar-Frage. Du kannst Geld verdienen, aber wie viel du verdienst, hängt von dir ab und wie hart du arbeitest. Sie sollten in der Lage sein, einen angemessenen Gewinn zu erzielen, wenn Sie Produkte sorgfältig reparieren, mit

Zubehör ausstatten, bündeln und neu verpacken. Aber bevor Sie Amazon-Retourenpaletten kaufen, sollten Sie einige Hausaufgaben machen. Recherchieren Sie schließlich den aktuellen Verkaufspreis jedes Artikels (falls er gelistet ist) auf Online-Marktplätzen wie eBay und Amazon. Denken Sie darüber nach, wie viel Sie bezahlen müssten, um jeden Artikel auf der Palette zu ersetzen, wenn Sie ihn einzeln verkaufen würden. Vergessen Sie nicht, das Gewicht beschädigter Waren zu berücksichtigen. Fazit Es ist spannend und unterhaltsam, mit dem Rückgaberecht von Amazon einen Gewinn zu erzielen. Das Beste daran ist, dass Sie keine riesige Lagereinrichtung benötigen. Die meisten Artikel auf der Palette können an die Lager von Amazon zurückgegeben und erneut verkauft werden. Sie können auch versuchen, sie auf der Website eBay zu verkaufen. Sie brauchen nicht viel Geld oder technisches Know-how, um loszulegen. Jetzt, da Sie wissen, wo Sie Amazon-Abfertigungspaletten erhalten, sind Sie auf dem besten Weg.

DAS ENDE

Made in the USA
Las Vegas, NV
07 December 2024

13533995R00046